AF349917

# CATALOGUE

### DES

# OBJETS d'ART de l'EXTRÊME-ORIENT

## PORCELAINES - BRONZES

### Ivoires, Netzukés

## POIGNARDS ET SABRES

### Etoffes brodées

DONT LA VENTE AURA LIEU

# HOTEL DROUOT, SALLE N° 10

## Le Lundi 20 Avril 1914

### à 2 heures

---

**M⁰ ROBERT BIGNON** ‖ **M. JOSEPH LOGÉ**

COMMISSAIRE-PRISEUR ‖ EXPERT

41, Rue de la Victoire, 41 ‖ 57, Rue Saint-Lazare, 57

## EXPOSITION PUBLIQUE

Le Dimanche 19 Avril 1914, de 2 heures à 6 heures

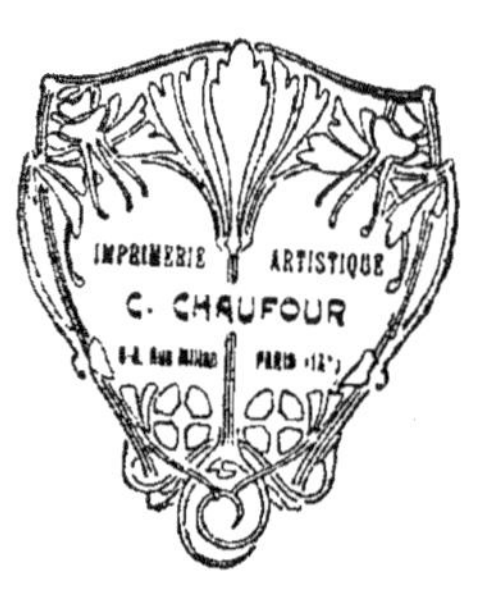
IMPRIMERIE     ARTISTIQUE
C. CHAUFOUR
PARIS

## CONDITIONS DE LA VENTE

La vente sera faite expressément au comptant.

Les acquéreurs paieront *dix pour cent* en sus des enchères.

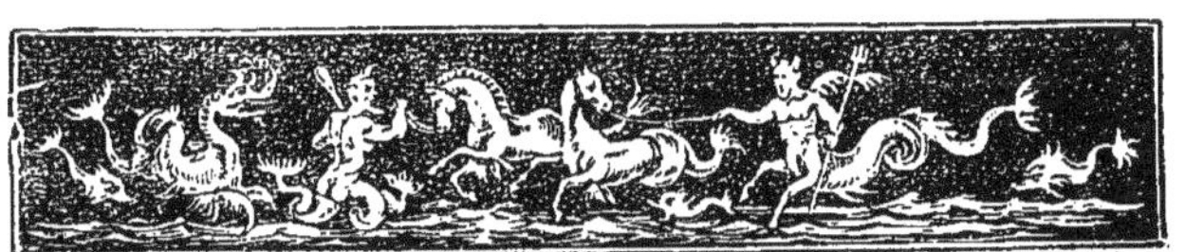

# DÉSIGNATION

## PORCELAINES
### DE CHINE & DU JAPON

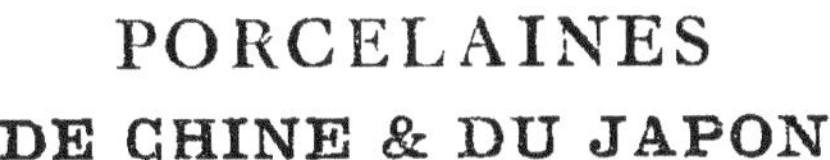

1 — Grand vase porcelaine fond blanc à personnages, époque Tao-Kouang.

2 — Grand vase-cornet à décor de personnages et de fleurs.

3 — Potiche forme boule à décor de personnages, époque Tao-Kouang.

4 — Vase porcelaine fond bleu uni, Kang-Hi.

5 — Potiche boule fond blanc à dessins or, couvercle bois.

6 — Potiche boule en ancienne porcelaine de Chine à décor bleu.

7 — Potiche ancienne à décor de personnages.

8 — Vase en porcelaine de céladon carré à décor de fleurs.

9 — Vase coupé fond blanc à décor de personnages bleus.

10 — Petit vase céladon muni de cinq goulots.

11 — Piton céladon carré.

12 — Piton coupé à fleurs.

13 — Piton fond bleu à décor de fleurs.

14 — Vase céladon dessin bleu.

15 — Vase de forme évasée en porcelaine à décor de personnages.

16 — Deux assiettes à décor de personnages, époque Tao Kouang.

17 — Petite théière terre cuite.

18 — Rocher en porcelaine fond bleu.

19 — Chimère verte sur socle forme tuile.

20 — Série de quatorze petites coupes anciennes en porcelaine de Chine ornées au centre de caractères.

21 — Plat à barbe festonné à décor de fleurs bleues.

22 — Trois plats bleus de forme ronde à décor varié.

23 — Plat rectangulaire décor bleu.

24 — Lot de cinq assiettes de Chine décor Japon.

25 — Deux tubes craquelés décor bleu.

26 — Un plat de Chine porcelaine de Canton.

27 — Divinité en grès émaillé.

28 — Deux bols et soupière à décor bleu sur fond blanc.

29 — Un personnage en grès émaillé à couverte craquelée.

30 — Deux personnages en grès émaillé.

31 — Paire de vases du Japon en Awata yaki décorés d'émaux en relief.

32 — Paire de vases du Japon à décor de fleurs bleues sur fond blanc.

33 — Une paire de vases de Canton à décor de personnages.

34 — Paire de petits vases chinois fond bleu, émaux en relief.

35 — Bouteille en porcelaine Imari du Japon.

36 — Groupe de deux personnages en blanc de Chine.

37 — Groupe de deux singes, en porcelaine émaillée de couleur turquoise.

38 — Petit sucrier en porcelaine de Chine, décor polychrome.

39 — Lampe montée avec un vase en ancienne porcelaine de Chine, à décor de fleurs roses.

40 — Garniture Kien-Lung composée d'un brûle-parfums muni d'anses, et deux bougeoirs de forme carrée à fond bleu et rose.

41 — Socle en ancienne porcelaine du Japon, orné de fleurettes.

42 — Paire de vases chinois en porcelaine bleu uni surdécoré de dessins dorés.

# BRONZES

43 — Une grande chimère en bronze.

44 — Vase bronze muni d'anses.

45 — Grand vase carré en bronze.

46 — Vase boule en bronze émaillé à décor de médaillons.

47 — Jardinière en émail cloisonné.

48 — Oiseau en émail cloisonné.

49 — Vase en émail cloisonné muni de longues anses.

50 — Brûle-parfums bronze cloisonné.

51 — Boîte carrée en bronze.

52 — Bouddha assis en ancien bronze.

53 — Petit vase cloisonné muni d'anses.

54 — Petit vase cloisonné.

55 — Bonbonnière cloisonnée figurant un chat.

56 — Bonbonnière cloisonnée en forme de poisson.

57 — Petite chimère en bronze.

58 — Très petite chimère en bronze.

59 — Bronze en forme d'éléphant.

60 — Jardinière hexagone en émail de Canton.

61 — Quatre petites assiettes en émail de Canton.

62 — Bol émail fond bleu à dorures.

63 — Coupe persane en cuivre.

64 — Encensoir en cuivre persan.

65 — Écran en bronze, orné d'une divinité, dans
une monture en bois ajouré.

66 — Trois plaquettes de bronze chinois simu-
lant des monnaies.

67 — Vase avec couvercle en bronze Coréen,
panneaux ornés d'émaux polychromes.

68 — Vase forme cylindrique, en bronze patiné
du Japon.

69 — Jardinière en bronze patine claire. Epoque
des Ming.

70 — Jardinière plus petite de même genre et de
même époque.

71 — Calebasse en bronze et chauffe-main de
travail hindou.

72 — Théière bronze avec couvercle, surmontée
d'une chimère.

73 — Service de fumeur en bronze damasquiné.

74 — Service de huit tasses et soucoupes de même travail.

75 — Un grand plateau ovale damasquiné.

76 — Brûle-parfums bronze damasquiné.

77 — Petit bronze : lion au repos, par Milet.

78 — Grand brûle-parfums annamite en bronze ciselé avec couvercle et socle du même genre.

79 — Bouddha en bronze assis, les jambes croisées.

80 — Bouddha en bronze avec socle détaché.

81 — Bouddha en bronze sur socle en bois.

82 — Bouddha ventru en bronze.

83 — Petit bouddha en pierre de style hindou.

84 — Deux petits bouddhas en bronze.

# IVOIRES, NETZUKÉS

85 — Quatre netzukés du Japon, personnages assis.

86 — Quatre netzukés du Japon.

87 — Quatre netzukés de même genre.

88 — Personnage accompagné d'un ibis.

89 — Personnage accompagné d'un enfant.

90 — Groupe de trois personnages dont une divinité sur socle.

91 — Divinité sur les vagues tenant un fruit.

92 — Un groupe ivoire composé de deux personnages sur socle.

93 — Guerrier monté sur un cheval et tenant une lance.

94 — Ivoire japonais : homme et enfant assis devant un écran.

95 — Deux personnages en ivoire très finement sculptés, sur socle.

96 — Groupe de deux divinités buvant du saké. —

97 — Groupe de trois divinités réunies dans une coupe à saké.

98 — Ivoire japonais : personnage s'épilant.

99 — Groupe de deux acteurs, souhaiteurs de bonne année.

100 — Groupe de deux lutteurs aux prises. Ivoire japonais.

101 — Groupe de personnages autour d'une divinité.

102 — Ivoire très important du Japon. Pêcheurs suspendant un filet.

103 — Un cachet monté avec un manche en ivoire sculpté orné d'animaux.

104 — Ivoire japonais : personnage monté sur
un poisson.

105 — Personnage tenant un éventail.


# POIGNARDS, SABRES

## ÉTOFFES, MEUBLES, DIVERS

106 — Bouddha ancien de l'Annam en bois doré
incrusté de pierreries.

107 — Ecran incrusté de nacre du Tonkin sur
bois dur.

108 — Socle de même travail.

109 — Un lot de calebasses, cuillères, etc., en
bois ajourés et colorié. Travail persan.

110 — Déesse assise, bois doré sur socle.

111 — Bouddha noir en bois sculpté.

112 — Dragon noir en bois sculpté.

113 — Une boussole et un cachet chinois en ivoire.

114 — Deux sacoches brodées.

115 — Un lot de petits sujets en grès.

116 — Un lot de six poignards avec fourreaux de cuir.

117 — Deux sabres japonais avec fourreaux de laque noir.

118 — Deux autres sabres de même genre.

119 — Deux sabres avec fourreaux laque ornés de dessins.

120 — Sabre tonkinois avec fourreau orné d'incrustations de nacre et garniture en métal ciselé.

121 — Autre sabre de même travail.

122 — Autre de même travail.

123 — Sabre de même travail, mais de forme courbe.

124 — Lot de six lames de sabres tonkinois.

125 — Un plateau rond incrusté de nacre.

126 — Socle à Bétel en bois dur orné de dessins et incrustations de nacre.

127 — Autre plateau de même travail de forme rectangulaire.

128 — Un lot de statuette en pierre de larre.

129 — Deux petits poignards à manche d'ivoire et fourreau d'écaille.

130 — Deux salières, métal ciselé.

131 — Statuette de divinité en bois laqué or et rouge.

132 — Deux statuettes annamites en bois sculpté.

133 — Deux panneaux en bois durs ornés de caractères de nacre.

134 — Lambrequin fond rouge, broderies dorées d'oiseaux et de fleurs.

135 — Lambrequin fond rouge à décor de caractères brodés, frange soie.

136 — Quatre panneaux fond rouge avec broderies de caractères, bordure fond vert à décor de fleurs brodées.

137 — Panneau en broderie chinoise, fond violet décoré de caractères fleuris, bordure verte ornée de petits personnages.

138 — Paire de panneaux étroits brodés de caractères bleus sur drap rouge.

139 — Coussin plus important de même genre de et de couleur.

140 — Costume en cotonnade annamite de couleur foncée agrémenté de quelques broderies.

141 — Paire de coussins brodés de même genre.

142 — Deux coussins jaunes impérial, à décor de broderies, de fleurs et d'oiseaux.

143 — Deux petits panneaux en satin blanc à décor de fleurs et d'oiseaux.

144 — Lambrequin soie rouge à décor de caractères et de fleurs.

145 — Panneau sur satin noir du Japon à décor de personnages et d'animaux en broderie en relief.

146 — Cabinet du Tonkin en bois dur incrusté de nacre.

147 — Deux socles en bois de fer dessus en marbre.

148 — Paravent en bois dur, panneaux rouges, décor d'oiseaux et de fleurs.

149 — Objets omis au catalogue.